Investimentos: Por onde começar...

"Para minha família, a que nasci, a que me casei e a que me apoia todos os dias em que caminho pela jornada da vida".

Introdução_____05
O "Porquê"_____07
Pense da forma certa_____12
O camnho do investimento_____17
Definindo a rota_____23
Crie seu objetivo_____28
Economize, antes de investir_____31
A "Reserva Financeira"_____35
Invista_____42
Não desista, Vença!_____52

Introdução

Poupar, investir, começar, terminar, vencer! Compreender o funcionamento dos investimentos tornou-se uma habilidade essencial na sociedade moderna. Alcançar sonhos e traçar metas é o caminho para viver a vida que desejamos. Embora o mundo dos investimentos possa parecer complexo e assustador para muitos, ele oferece oportunidades para pessoas transformarem pequenas economias em fortunas inimagináveis.

Este livro nasceu da necessidade de simplificar e orientar aqueles que desejam começar sua jornada de investimento. Ele fornece um guia claro sobre por onde começar, desde os conceitos básicos até os diferentes tipos de investimento. O objetivo é capacitar o leitor a tomar decisões informadas e construir um futuro financeiro sólido. Seja você um novato completo ou alguém que deseja aprimorar seus conhecimentos e refazer seu caminho, este livro é um recurso indispensável para embarcar no emocionante mundo dos investimentos.

1
O "Porquê"

Há alguns anos, deparei-me com um termo que nunca havia ouvido falar: "Investimentos pessoais". Sim, embora possa parecer um termo simples, a união destas duas palavras nunca havia me ocorrido. O que seria isso? Me perguntei. E como estamos no século XXI, fiz uma pesquisa e logo me vi com um mundo de informações, vídeos e termos complexos demais, até mesmo para alguém com formação na área de administração e finanças. Só conseguia me questionar por que era tão difícil entender o significado de investir e, mais ainda, como fazê-lo. Desta forma, iniciei uma jornada em busca de informações que esclarecessem as palavras que se repetiam a cada nova pesquisa que realizava.

Meu reflexo inicial foi me questionar: Por que aprendemos tantas coisas na escola, português, ciências, física, química, geografia e até mesmo matemática, mas nunca havia ouvido falar de investimentos? Fiquei me perguntando por que algo tão fascinante não era ensinado de forma clara naquela época, e por que parecia algo tão elitizado que apenas pessoas com altas rendas poderiam ter acesso?

Mesmo hoje, quando procuramos por informações sobre este assunto, podemos nos deparar com tantas formas diferentes de ver o mesmo tema que estamos fadados a ficar desmotivados para pesquisá-lo e entendê-lo. E algo tão importante, que hoje sei que tem o poder de transformar a vida de qualquer pessoa que se propõe a investir, fica em segundo plano, sem chance de voltar às nossas mentes.

Compartilho a seguir o conceito que achei em uma de minhas pesquisas, quando questionei: Afinal, o que é **investimento**? Conceitualmente, podemos descreve-lo como: "O investimento é a alocação de recursos financeiros com o objetivo de obter retorno econômico no futuro." - Fonte: Investopedia.

Mas saber disso, apesar de esclarecedor não nos diz como fazê-lo, não é mesmo? Nem mesmo o que isso pode representar, ou até mesmo qual vantagem há em investir e a pergunta das perguntas que se deve fazer ao investir: O "PORQUÊ"?

Se você está lendo estas palavras neste exato momento, certamente já deu um grande passo na direção correta, buscar instrução, entendimento e aperfeiçoamento é a raiz de todo o conhecimento que pode te beneficiar.

Embora, já possamos ter conceituado o que é "Investimento", a grande questão é que conhecimento nenhum no mundo pode te ajudar se você não entender o seu *"porquê"*.

Sim, podemos simplificar e exemplificar, e este é um de meus objetivos enquanto escrevo este livro, vamos lá, pense na última vez que comprou algo para comer, sim algo para comer, se eu te perguntar o que te levou a esta ação, muito provavelmente, você me responderá que estava com forme, ou até mesmo que haviam dias que estava com vontade de comer algo diferente e por isso resolveu comprar determinada "coisa" para comer, na verdade tudo se resume a isso, o que te move? O que faz com que você saia da cama pela manhã? Muitas vezes a esta pergunta podemos ter como resposta simplesmente a vontade de socializar ou sejamos francos, para a maioria das pessoas a resposta ao que as movem, podem ser questões de saúde ou as contas do dia a dia que nunca param de chegar.

Sim, está tudo bem que seja mais que uma das alternativas

ou algo completamente diferente das opções que apresentei anteriormente, e que você talvez leve um pouco mais de tempo para entender o porquê das ações que você toma e o que te move, o importante é que você possa entender por que você quer, deve e precisa investir.

❖ ❖ ❖

"Saber exatamente qual é a sua motivação fará com que você crie uma base sólida para a definição do seu "porquê"".

❖ ❖ ❖

Agora, que tal materializarmos o motivo que fará com que você invista? façamos mais um exercício simples: pense no seu último ano de vida. Agora, foque nas coisas que você comprou, tudo mesmo, seja um lanche, um guarda-roupa, uma escova de dentes ou até mesmo um bem mais caro como um carro, qualquer coisa que seja de fácil lembrança. Agora, pense nas coisas que você não comprou, mas que gostaria de ter adquirido, podem não ser só bens, como por exemplo aquela viagem dos sonhos. Pensou? Agora, imagine que você pode comprar todas as coisas que imaginou neste próximo ano de vida, sim os próximos doze meses serão de realizações, avancemos um pouco e imaginemos que todas elas já se realizaram e já fazem parte da sua vida, e que você as tem com livre acesso e pode usá-las da maneira que quiser. É uma ótima sensação, não é mesmo?"

Visualizar aquilo que você deseja é uma das armas mais poderosas que eu poderia compartilhar neste primeiro capítulo. Tudo que existe hoje materializado vem dos sonhos de alguém, das memórias, do esforço de imaginar algo que não existe. O simples fato de você poder ler essas linhas simboliza anos e anos de sonhos e pensamentos que resultaram até mesmo no lugar onde você se sentou para ler.

Há um ditado popular que diz: 'Sonhar não custa nada', e é verdade, mas tenho certeza de que ao adquirir este livro, você quer que esses sonhos se realizem se materializem e que estejam ao seu alcance. Por isso, vou te ajudar a visualizar de uma forma mais assertiva o seu *"porquê".*

Vamos lá, tenha em mente que o que você deseja nem sempre é o que você precisa, e está tudo certo em querer algo que você não precisa necessariamente, o que recomendo e que não deve acontecer de forma alguma em sua vida é:

❖ ❖ ❖

"Que algo que você não precisa, seja capaz de tirar algo que você realmente deseja e precisa conquistar".

❖ ❖ ❖

Meu conselho neste ponto é que o seu "porquê" possa ser algo que faça você se conscientizar da importância que investir tem em sua vida e situação atual e aonde este "porquê" pode te levar.

O seu porquê deve ser algo simples, mas completo. Vou citar alguns exemplos apenas para facilitar e apoiar o seu raciocínio, *mas lembre-se: o "porquê" deve ser algo que faça você sonhar, mas de forma alguma deve tirar os seus pés no chão.*

Tenha em mente estes exemplos e caso algum se adeque ao seu verdadeiro motivo não deixe de aprimora-lo para que fique cada vez mais familiar e próximo a você e as suas aspirações e objetivos:

Vamos aos exemplos:

"Quero investir porque quero dar entrada em uma casa própria";

"Quero investir porque gostaria de entrar para a faculdade";

"Quero investir porque não possuo uma renda fixa";

"Quero investir porque quero ter uma renda extra";

"Quero investir porque não quero me aposentar com muita idade";

"Quero investir porque preciso comprar um carro ou uma moto".

Bom, agora que a estrutura de seu "por que" já está pronta basta que você se debruce sobre ela e identifique o que fará com que você comece a se programar e a se cobrar no objetivo financeiro que deseja chegar.

Entender profundamente esta etapa, é simplesmente o que já pontuei, a base que te fará permanecer firme, concluída esta etapa falaremos a seguir como os pensamentos corretos podem te ajudar a maximizar e potencializar sua jornada em relação aos investimentos e o alcance de seus sonhos.

Pensar pode até para ser simples, mas organizar seus pensamentos de uma forma que sua mente seja sua aliada é uma das chaves mais importantes para quem deseja investir e alcançar seus objetivos.

2
Pense da forma certa

Agora que você já refletiu sobre o seu "porquê", precisamos avançar e falar um pouco sobre algo que pode te levar ao espaço infinito perto das galáxias mais distantes que ninguém ouviu falar ou, te sufocar embaixo do mais profundo dos oceanos, o "Pensamento", sim algo tão simples mas, que faz toda a diferença para aqueles que almejam o sucesso em suas empreitadas na vida.

Pensar por si só já é um feito extraordinário, alguns autores até distinguem o homem como ser racional pelo pensamento que exerce, tenhamos isso em mente e falemos um pouco sobre o poder de pensar.

Quando temos acesso a palestras motivacionais, comumente ouvimos dizer que o pensamento positivo pode transformar vidas, sim, acredito nesta fala, se avaliarmos os grandes desafios que os bilionários que vieram do zero tiveram que passar para conseguir vender seu primeiro produto ou até mesmo sua ideia para alguém que estivesse interessado em financia-la, apenas com a ideia clara de que "aquilo" ia dar certo e, criar o pensamento correto para que aquela ideia, aquele projeto superasse as dificuldades que surgiram no meio do caminho e efetivamente acontecesse, temos acesso a um mundo novo ainda inexplorado por nós mesmos.

Reflita um pouco sobre isso, se você for trabalhar achando que tudo vai dar errado, a possibilidade de que realmente algo dê errado é quase certa, agora se você se colocar com uma postura positiva frente aos desafios que sim um dia intenso de trabalho te ofertarão, certamente o dia poderá ser difícil mas como você vai vive-lo será uma experiencia totalmente diferente.

Perceba que acima, o dia e os problemas nele contidos não mudarão, o que muda é a forma como você decidiu encará-lo, e tudo isso por que você decidiu pensar de uma forma não convencional, uma forma diferente.

Se nos aprofundarmos neste sentido, poderemos chegar à conclusão de que a maioria das coisas que acontecem deveriam realmente acontecer, mas a forma como você pensa sobre elas certamente moldará a forma como você irá sentir e agir.

Quantos traumas as pessoas carregam hoje em suas vidas, por acontecimentos em sua infância que não conseguiram superar, quantas vezes em sua vida algo te abalou profundamente e talvez em alguma delas você teve a oportunidade de confrontar a pessoa que te ofendeu, e ouviu: "Nossa, eu não falei com esta intenção" ou até mesmo "eu não percebi que havia lhe ofendido"?.

◆ ◆ ◆

"Nossa capacidade de racionalizar as situações que vivemos podem definir o quanto de sucesso poderemos alcançar ao longo da vida."

◆ ◆ ◆

Com os investimentos não é diferente, no mercado há a chamada "flutuação" e a chave para manter-se firme na conquista de seus objetivos é um pensamento firme no que você está buscando, na sua meta, no seu alvo, no seu objetivo.

◆ ◆ ◆

"Investir, assim como andar e falar, começa na "crença" do pensamento que move a ação de fazê-lo".

◆ ◆ ◆

Costumo dizer que a maioria das pessoas querem ganhar na loteria, mas poucos jogam efetivamente.

Não, não recomendo que você gaste todo o seu dinheiro em jogos de azar, mas gosto da sensação que o sonho nele contido trás.

Acredito que a maioria das pessoas que joga, pensa não apenas no valor que irá receber, mas no que fará com o dinheiro que receberá caso venha a ganhar, ou seja, nem mesmo quem arrisca uns trocados em jogos pensa apenas no dinheiro.

◆ ◆ ◆

"Pense nesta lógica, e a aplique para o mundo dos investimentos, você deve pensar naquilo que fará ao receber os seus rendimentos ou conquistar o retorno desejado e não no que está abrindo mão neste momento".

◆ ◆ ◆

Seguindo nosso raciocínio, assim como fiz no capítulo anterior vou listar aqui alguns exemplos singulares para que você inclua em seu "porquê" a forma certa de pensar:

"Quero investir porque quero dar entrada em uma casa própria, pois onde irei morar será melhor para mim e minha família.";

"Quero investir porque gostaria de entrar para a faculdade, pois apenas assim conseguirei crescer e obter um salário compatível com a realidade que quero viver";

"Quero investir porque não possuo uma renda fixa, e em tempos difíceis posso ficar sem o dinheiro necessário para comprar o que eu e minha família precisamos";

"Quero investir porque quero ter uma renda extra, pois, a minha remuneração hoje não me permite ter mais momentos de lazer.";

"Quero investir porque não quero me aposentar com muita idade, pois quero ter meu próprio destino nas mãos e decidir quando vou me aposentar";

"Quero investir porque preciso comprar um carro ou uma moto, para chegar mais rápido aos locais que trabalho e que costumo frequentar".

Com a estrutura acima, percebe que você passou a ter um "porquê" mais claro e definido, é necessário passarmos por cada etapa para que em sua mente você possa entender e criar uma estrutura firme como as fundações de uma casa firmada na rocha, firmes o suficiente para que o caminho que você passará a trilhar esteja tão bem desenhado que se desviar dele não será mais uma opção.

Por falar em caminho que tal falarmos um pouco desta jornada?

Uma vez definido o seu "porquê" e refletiu sobre como deve pensar corretamente, você deve iniciar o que vou chamar de o "caminho do investimento", _que nada mais é que, a distância entre o que você sonha e o que você efetivamente alcança._

3
O caminho do investimento

A distância entre o que você já possui e o que deseja possuir está na sua capacidade de economizar e investir, ou seja, fazer o que vou batizar de o "caminho do investimento".

O caminho do investimento é a estrada que ligará o momento onde você está para o lugar ou bem que você deseja estar ou possuir.

Sinto muito em ser eu a te dar esta notícia, mas não, não existe fórmula mágica, mas apesar de inúmeras alternativas há uma que pode te ajudar a trilhar este caminho de forma mais assertiva.

Vamos usar nossas mentes, Imagine agora que você está arrumando suas malas para uma viagem, visualize objetivamente o que você está fazendo, como é a sua mala, para onde você está indo, e é exatamente a este ponto que quero chegar, quando falamos em viagem logo pensamos nas malas prontas, passagem no bolso e talvez até um chapéu característico de turistas, mas pense comigo, para que isso acontecesse, quanta preparação houve? Quanto tempo dedicado para que este momento pudesse acontecer? quantos destinos podem ter sido alternativas maravilhosas e quantas buscas em sites, conversa com amigos e até mesmo avaliar se não seria melhor ir de carro, trem ou avião, ou até mesmo talvez nem sair de casa.

Sim, esse é um ótimo exemplo de caminho que quero propor, temos a tendência de imaginar as coisas prontas, e temos fixado talvez até em nós mesmos uma cultura que nos faça aplaudir e elogiar a conquista, mas pouco valor damos aos esforços para conseguir que um objetivo, um sonho ou um bem seja conquistado, a grande chave de quem as realiza está no percurso que percorrem até chegar a concretização de seus objetivos.

◆ ◆ ◆

"Chegar aos seus objetivos é o que deve ser o foco de seus esforços, e devem "pavimentar" os tijolos do seu "caminho do investimento"".

◆ ◆ ◆

Pense em cada "tijolo" deste caminho como algo solido que você precisa conseguir pisar de maneira firme e, também seguro para chegar no próximo "tijolo".

Agora vamos avançar um pouco e falar desses caminhos, ainda hoje em grandes metrópoles foi desenvolvido, afim de facilitar o trânsito e, a ida e vinda das pessoas, o sistema de "terminais", o que significa que para chegar aos pontos mais distantes das cidades você precisa descer em um terminal e pegar uma nova "condução" para chegar ao seu destino, inúmeras vezes você precisa passar por mais de um terminal, o interessante é que nesses "terminais" costumam haver pequenas lojas, com os mais variados itens sendo vendidos.

Quando você para em um desses terminais é possível observar pessoas que compram doces, salgados, ou até mesmo um sabão em pó para quando chegarem as suas casas lavarem a roupa que já está há algumas semanas no cesto de roupa suja, mais que isso, vemos pessoas conversamos trocando ideias sobre os mais diversos assuntos.

Me pergunto, quantas ideias, fofocas, trocas de experiencias e até novas oportunidades de emprego podem surgir naquele ambiente.

O que a história do terminal nos ensina, é que muitas vezes precisamos fazer uma "baldeação" para chegar em nossos objetivos, mas também nos mostra que é importante ter "marcos" para parar um pouco, conversar, observar o tempo e as vezes se alimentar para só então seguir viagem.

Acreditem, muitas vezes nosso caminho do investimento passar exatamente por isso.

Pensar sobre isso, nos ajuda a entender que o caminho pode ter pausas e reavaliações e até mesmo questionamentos sobre qual "ônibus" será o mais eficiente, para só então chegarmos em casa ou no mundo dos investimentos, ao nosso objetivo.

"Saber por onde passar e como fazer esse caminho, é tão importante quanto chegar".

É importante pensarmos que não é só sobre paradas, por que afinal de contas, o objetivo para a maioria das pessoas não é ficar no terminal, e sim chegar ao seu destino final, que é chegar onde se pretendia no início.

Objetivamente, quando falamos em caminho, quero que você seja senhor do seu destino e identifique dentro de si, qual o melhor para você.

"Pense por exemplo em qual é o seu nível de ansiedade, apesar de ótimas "rentabilidades" que você pode encontrar, você conseguirá fazer este caminho durante quanto tempo sem realmente se desmotivar?".

◆ ◆ ◆

Visualizemos novamente o nosso "caminho do investimento" ele certamente deverá ser iniciado com um passo, e este passo pode ser abrir o seu aplicativo do banco onde você já possui conta e clicar em uma aba que terá o nome muito próximo ou claramente escrito "Investimentos".

Quero que você olhe atentamente todas as opções, não como algo diferente de tudo que você já viu, mas igualzinho aquele site de roupas que você costuma olhar de vez em quando.

Geralmente, as pessoas não compram a primeira peça que aparece, não é mesmo? Mesmo que acessem com um objetivo é interessante olhar todas as opções antes de clicar em comprar e efetivamente desembolsar algum valor.

As vezes os produtos chegam a ficar no "Carrinho" de compras por semanas e até meses para que você se decida.

E seguindo com essa analogia, reforço aqui que, nem sempre aquela mesma calça vai estar com o mesmo preço ou ainda vai estar em estoque, com os investimentos é a mesma coisa, em um momento temos um rentabilidade de 16% passados alguns dias e as vezes até mesmo algumas horas, já não há nem mesmo o produto de investimento que você estava olhando, e isso não deve lhe causar preocupações, pois você está iniciando sua jornada.

Costumo dizer que este primeiro passo deve ser bem avaliado e pensado, assim como o exemplo das roupas, será que aquele ou esse investimento fica melhor para mim? Ou, vou saber lidar melhor com este ou aquele? Este investimento ou aquele me fará alcançar o objetivo que preciso?

E lembre-se, o caminho é você quem deve ditar, pense sempre antes de tomar uma decisão, estou confortável com ela? Vou saber lidar com a espera e com a variação que pode vir deste caminho que escolhi?

São muitas questões não é mesmo? Mas fique em paz vamos ainda ao longo deste livro explora-las e exemplifica-las para as deixar mais simples e te embasar para que você seja capaz de realizar escolhas.

"Traçar um caminho, pode parecer desafiador, mas lembre-se neste ponto você já se deparou com terminologias que talvez não tivesse contato, já entendeu sobre o seu "porquê" e a "forma correta de pensar" e está começando, neste momento, a pensar sobre escolhas que poderá fazer".

Para deixarmos ainda mais fácil esta compreensão e focarmos na definição do seu caminho, vamos falar sobre "a rota", prepare-se! talvez você nunca tenha ouvido as palavras que vou mencionar abaixo, e se ouviu quero apresenta-las de uma forma que gostaria de tê-las ouvido, depois dessa compreensão os caminhos para o mundo dos investimentos podem começar a fazer mais sentido pra você pois a intenção aqui é explicar que já existem "ruas pavimentadas" que darão um norte para as suas escolhas, isso por si só já é algo extraordinário.

O mais extraordinário ainda é, que mesmo com o "pavimento" já pronto, você ainda tem livre escolha, vamos lá!.

4
Definindo a rota

Falemos agora objetivamente sobre o "caminho do investimento", dizem que cada um sabe o que precisa para ser feliz, mas poucas pessoas fazem algo para conquista-lo, dar o primeiro passo na direção certa é o que falaremos a seguir.

Inúmeras vezes somos impelidos a buscar o caminho mais rápido para realizar nossas tarefas diárias, ou conseguir algo, mas acredite, tão rápido quanto vem se vai.

Para decidir o caminho que você vai trilhar no mundo dos investimentos, você precisa entender o seu perfil, isso em minha avaliação é a chave para que você possa saber qual a melhor estratégia para a sua atual situação e definição de por onde você irá passar para chegar aos seus objetivos, vamos lá:

❖ ❖ ❖

"Há hoje três perfis definidos, que inclusive já tive a oportunidade de tratar em uma de minhas redes sociais há algum tempo, são eles: "Conservador", "Moderado" e "arrojado".

❖ ❖ ❖

O conservador, para fixar este conceito preciso que você faça um exercício agora e, reflita sobre o que a palavra "conservador" significa pra você, cada pessoa tende a ter uma definição: "Careta", "Antiquado", "Antiliberal", mas saiba que também pode representar uma pessoa que quer "conservar" o seu patrimônio, ou seja investidores neste perfil tendem a buscar um caminho onde suas finanças serão preservadas ao máximo, e neste momento ao ler essa definição você pode estar se perguntando " Ué, mas não é exatamente isso que todo mundo deveria buscar?" e a resposta é um sonoro *"Nem sempre"*, estar com seus investimentos seguros significa que podem haver oportunidades de bons ganhos mas com um certo risco, que o "Conservador" irá preferir perder, diferente de um perfil moderado ou arrojado por exemplo, vejamos agora o perfil "Moderado".

Novamente façamos aquele exercício que fizemos ainda pouco, o que a palavra "Moderado" representa pra você? Algo como "nem lá nem cá", "morno", "Mais ou menos", "em cima do muro", pode até ser, e se isso te ajuda a visualizar com mais clareza o termo, está tudo certo, o moderado é o conversador que "tolera" um certo tipo de insegurança ou imprevisibilidade na hora de investir, contudo, não aceita riscos muito altos, entende, por exemplo, que para ganhar um pouco mais é necessário estar atento aos produtos de investimentos que tem algum risco, diferente do perfil "Arrojado" que pode acreditar que a segurança inúmeras vezes, é inimiga dos bons rendimentos.

"O que não te contam é que em quase qualquer lugar que você for investir, haverá um teste com algumas perguntas para definir o seu perfil e esse teste de tempos em tempos precisará ser refeito".

Acredite, definir o seu perfil de investidor não é uma sentença perpétua. Assim como na nossa adolescência poderíamos preferir roxo a amarelo ou vice-versa e hoje talvez já nem gostamos mais de ambas as cores, no mundo dos investimentos não é nada diferente, afinal, nós mudamos com o tempo.

Avalie por exemplo, o momento de vida de um universitário que vive com os pais e o que recebe em seu estágio é utilizado para gastar como bem entender, em contrapartida, pense em um trabalhador da indústria que se casou há alguns anos possui dois filhos e acabou de perder o emprego e acaba de receber a sua rescisão, qual dos dois terá maior apetite em arriscar seu dinheiro no mercado de investimentos? Vamos lá, reflita um pouco!

Para a sua surpresa a resposta correta é: *"Não Sabemos"*, pois, as vezes, o jovem estagiário percebeu que não terá apoio para a compra de sua primeira casa e prefere investimentos seguros que lhe ajudarão na realização deste objetivo afinal ele ganha apenas uma bolsa e apostar esse dinheiro em investimentos arriscados não é uma opção, ao passo que o antigo trabalhador prefere um investimento arrojado, pois a vida toda pode ter feito sua reserva financeira e esta rescisão representa a oportunidade de investir em uma startup de seu vizinho.

O Conselho que quero dar neste ponto é que não se prenda a padrões convencionais, mas sim, faça um exercício para avaliar qual realmente é o seu verdadeiro "perfil" e assim ficará infinitamente mais fácil fazer o seu próprio "caminho do investimento".

Vamos atualizar nossos exemplos?

"Quero investir por que quero dar entrada em uma casa própria, pois onde moro hoje poderia ser melhor e através dos investimentos ligados ao meu perfil arrojado conseguirei na renda variável ótimas opções para fazer meu dinheiro render".

"Quero investir porque gostaria de entrar para a faculdade, pois apenas assim conseguirei crescer e obter um salário compatível com a realidade que quero viver e conseguirei isso através dos produtos conservadores de curto prazo pois não quero demorar a iniciar os meus estudos";

"Quero investir porque não possuo uma renda fixa, e em tempos difíceis posso ficar sem o dinheiro necessário para comprar o que eu e minha família precisam e, para isso escolhei um dos produtos de investimento do perfil "arrojado" pois acredito que riscos para quem não possui renda fixa podem trazer ótimos resultados";

"Quero investir porque quero ter uma renda extra, e farei isto através dos produtos que rendem mensalmente ligados ao meu perfil "moderado", pois, a minha remuneração hoje não me permite ter mais momentos de lazer, e através desses rendimentos mudarei esta situação";

"Quero investir porque não quero me aposentar com muita idade, e sei que através dos investimentos do perfil "conservador" com vencimento futuro pré-fixado, posso definir até qual o valor vou receber no final, pois quero ter meu próprio destino nas mãos e decidir quando vou me aposentar";

"Quero investir porque preciso comprar um carro ou uma moto, e através dos investimentos do perfil "moderado" de médio prazo posso misturar investimentos sem correr altos riscos, mas me expondo a algumas oportunidades vou logo adquirir o bem que tanto desejo e, vou conseguir chegar mais de pressa aos locais que trabalho e que costumo frequentar".

É muito bom saber que já temos um norte quando decidimos investir, não é mesmo? saber que há uma "classe" de investimentos, que está "customizada" para o meu próprio perfil ajuda a perder um pouco da insegurança que iniciar-se no mundo dos investimentos pode trazer.

Quero ainda reforças a ideia dos perfis e trazer um último

exemplo ligado as escolhas que fazemos, quando você decide, por exemplo, pedir algo para o jantar, a primeira coisa que faz é definir o "tipo de comida", exemplo, se você optar por pizza, agora seu olhar está voltado em escolher o sabor, percebeu que sem muito esforço você limitou as suas opções a uma gama infinitamente menor e de mais fácil decisão?

Por isso gosto dos perfis, quando temos um objetivo em mente, mas não nos atentamos a nossos perfis, podemos olhar aquela quantidade enorme de produtos de investimento disponíveis nos bancos e corretas, e acabar por fazer escolhas que não estão necessariamente ligadas a nós e ao que realmente queremos e saberemos lidar.

Por falar em objetivos, acredito que este seja o melhor momento para identificamos como estruturar um bom objetivo.

5
Crie seu objetivo

O objetivo, pode ser definido, como "A linha de chegada de uma corrida", esta é a definição que mais me agrada, por que não só ajuda a definir o conceito, mas também por que mostra que assim como em uma corrida você tem um início um meio e um final, com uma grande diferença para o mundo dos investimentos, que diferente das corridas e competições convencionais não há necessariamente outros participantes, o seu maior adversário é aquela pessoa que você vê toda vez que olha para uma superfície refletiva, sim um espelho, é isso mesmo, é você!.

Quantas vezes nos sabotamos em nossa própria área de atuação? Quantas vezes perdemos a oportunidade de ficarmos calados? Quantas vezes fazemos escolhas erradas cujo único prejudicado fomos nós mesmos?

Reflita um pouco sobre isso, na verdade a única pessoa que pode impedir você, na maioria das vezes, é você mesmo, não estou reduzindo os fatores e pessoas externos a nada, sabemos que muitas vezes aquele objetivo dependia do vento soprar para o sul e não para o norte, ou daquela promoção prometida que demorou um pouco mais pra sair, a esta altura o conselho que quero deixar é "Responsabilize-se" sim, responsabilize-se e, por tudo! Apenas desta forma você perceberá o que poderia ter feito diferente e só assim recalcular e tentar novamente.

◆ ◆ ◆

"Quando vamos definir um objetivo financeiro, temos que levar em conta três fatores principais: O tempo, o valor e a rentabilidade"".

◆ ◆ ◆

O tempo, sim o tempo, como ele passa, e acredite para quem deseja investir não existe palavra mais parceira que esta, o tempo é o responsável por transformar pequenas quantias em grandes fortunas, mas advirto, o tempo também pode fazer com que a pequena quantia continue sendo uma quantia pequena ou ainda menor e, até mesmo menos relevante se pensamos na inflação.

Ao traçar uma meta, pense em quanto tempo aquilo seria possível. E, sim, esta dica vale ouro: pense sempre em como fazer com que o tempo seja menor, mas não perca o foco de ser realista.

Traçar um objetivo realista deve ser o principal alicerce desta construção que estamos fazendo. Há pessoas que têm uma mente voltada para o resultado e conseguem poupar mais de 70% do que ganham mensalmente. Mas, se você não é uma delas, não vejo problema nisso, pois até isso pode ser treinável.

"Pense no tamanho do seu objetivo e no tempo que vai levar. Fazer este cálculo sem levarmos em conta o segundo ponto que levantei é inviável, por isso vamos ao 'valor'. Nunca se pergunte quanto você pode guardar ou investir por mês, pergunte-se quanto você está disposto a abrir mão de tudo que você recebe hoje para alcançar aquele objetivo tão aguardado no futuro."

Não há regras, mas sugiro que o valor que você definir deve refletir: um valor que seja viável para a sua atual realidade financeira, um valor que seja possível, mas também desafiador, não a ponto de evitar que você vá ao cinema para ver aquele filme que tanto esperou, mas a ponto de evitar comprar mais um item que vai ficar jogado no canto do seu guarda roupa e, o mais importante, *"Replicável"*, o valor que você definir deve ser repetido pelo tempo que você escolher para chegar ao seu objetivo.

Seguindo esse pensamento, certamente definir um objetivo se tornará uma tarefa mais simples, dito isso, vamos falar sobre percentuais, sim rentabilidade, quanto esse valor escolhido durante o tempo definido irá render? Esse é um dos desafios que o investidor que precisa saber por onde começar mais costuma errar.

Ao acessar uma corretora ou até mesmo um banco, pode acabar priorizando a maior rentabilidade possível e, inúmeras vezes se esquece até de verificar se aquele investimento reflete as características de seu perfil.

Deixei a rentabilidade para falar por último propositalmente, pois a rentabilidade deve ajustar-se aos dois outros fatores já descritos " Valor " e "Tempo", a grande "sacada" aqui é que há momentos e objetivos que você irá traçar onde o valor talvez não seja negociável, mas o tempo pode ser sacrificado por um rendimento maior, as vezes o quadro se inverte e o valor pode ser alterado mas, o tempo não.

O caminho a ser perseguido aqui é traçar um objetivo antes de procurar os produtos e sempre que possível avaliar se um desses três pilares pode ser flexibilizado ou não, demore o tempo necessário, mas, após definir seu objetivo não pare até tê-lo alcançado.

A seguir vamos tratar sobre algo delicado, mas imprescindível para quem quer investir: Economizar!

6
Economize, antes de investir

A casa precisa ser arrumada! Início este capítulo com esta afirmação afim de chamar a atenção para algo extremamente importante, quando se trata de investimentos, "arrumar a casa", o contexto que quero trazer é "Arrume a suas contas!".

Esta afirmação reflete o ensinamento que ninguém deve viver em uma casa bagunçada, do mesmo jeito que iniciar um investimento com objetivo determinado com contas atrasadas não parece um bom caminho. Faço essa provocação pois muitas vezes a ideia de investir é muito atrativa, mas investir com contas atrasadas, é o mesmo que encher um copo de água sem fundo.

Neste ponto, quero que você reflita sobre como andam as suas contas, há alguma que está atrasada? Ou até mesmo gerando juros que consomem suas finanças?

Talvez este livro tenha chegado até você, em um momento que investir não passa de um sonho distante, mesmo que este seja o seu caso no momento, peço que avalie onde você está financeiramente e onde deseja chegar.

Há uma sugestão que já compartilhei em minhas redes sociais e que se encaixa perfeitamente neste momento, trata-se de um passo a passo, veja:

1. Faça uma lista de todas as suas dívidas;
2. Diferencie as dividas fixas das esporádicas;
3. Identifique qual o prazo previsto do fim de cada dívida;
4. Grife as dívidas em atraso ou com maiores juros;
5. Comece pelas em atraso;
6. E em seguida pelas com maiores juros;
7. Não pare este ciclo até que suas dívidas estejam sob controle.

O mais importante é ter em mente que você pode estar endividado, mas isso não é permanente em sua vida, é só uma fase, e quando esse ciclo se encerrar, não permita se esquecer o que te levou até aquele momento e não volte a vive-lo.

◆ ◆ ◆

"Saldar uma dívida é libertador e pode ser o início de um reposicionamento em sua vida".

◆ ◆ ◆

A partir desta reavaliação chegou o momento de colocar no papel tudo aquilo que você tem de recebimentos e de despesas.

Anote tudo, caso ganhe comissão quanto foi a do último mês? E no ultimo ano, qual foi a média dos últimos doze meses? O importante neste momento é que você coloque esta informação de forma mais clara e completa possível, feito isso, reflita pessoalmente quais despesas podem ser cortadas, avalie se há algum gasto que pode ser pelo menos reduzido, mas entenda que há gastos que farão com que você tenha ainda mais vontade de investir, pois afinal de contas costumamos dizer: "Eu trabalho tanto" mereço isso ou aquilo.

O que quero dizer é que se você tem duas ou três assinaturas de streaming, talvez você deva reavaliar quantas vezes vocês as têm utilizado.

De outra forma, acredito que poupar também envolve gastar! Já postei há algum tempo uma reflexão importante sobre identificar se gastos mensais não seriam melhores se fossem anuais, há operadoras que oferecem pacotes anuais com um pagamento único com cerca de 50% de desconto, ou seja é mais barato ter um gasto anual do que todo mês realizar um pagamento.

Economizar pode ser algo prazeroso e simples, e fará com que os seus objetivos sejam mais rapidamente alcançados.

Agora olhe atentamente mais uma vez para os seus débitos, as despesas que escreveu e talvez seja o momento de incluir mais uma e gostaria de deixar duas opções que você deve avaliar:

1º Há alguma forma de especialização ou curso que me ajudará a aumentar minha renda em um prazo de tempo aceitável?

2º Há algum bem que devo adquirir que me dará uma vantagem competitiva no mercado que estou inserido?

Caso alguma das respostas seja sim, acredito que seu momento de vida, está em atende-las, tudo bem se for sim para as duas, e acredito isso já é um dos tijolos que pavimentam o seu "caminho do investimento".

Caso tenhamos um estrondoso não, a conta que vou sugerir é uma conta pessoal, mais que isso, um valor que se torne tão importante quanto pagar a conta de luz e de agua, essa "nova conta" representa o alicerce o "Valor" que vimos no capítulo anterior, esse é o momento de defini-lo usando o que foi dito anteriormente.

Quero que este valor posso sinalizar pra você não a soma se vários centavos e reais, mas a cada novo aporte seja uma parte significativa do objetivo que você já tem em mente.

Não, a partir de hoje não se permita acreditar que você está deixando de viver para guardar dinheiro para um futuro que nunca vai chegar, esse é o lema de quem não conquista nada, ou ainda pior, conquista momentaneamente e perde.

"Acredito fielmente que economizar e poupar de forma recorrente com a visão clara em seu objetivo, vai ao longo do caminho te mostrando a sua própria evolução e o quanto você pode ser forte".

Cruzar a linha de chegada por mérito próprio não tem preço, aliás, tem sim. E você saberá exatamente quanto custou e entenderá que o caminho que você percorreu te dá o direito de finalmente conquistar o que decidiu, sem desculpas, sem culpas, mas com a certeza de ter feito o seu melhor.

Quando você é honesto consigo mesmo e já permeou todos os capítulos deste livro, chegou o momento de começar a investir.

7
A "Reserva Financeira"

"Reservar", o que esta palavra tem a nos ensinar? Pode parecer algo simples, mas acredite, a grande maioria das pessoas se lança no mundo dos investimentos sem se preparar.

E a "Reserva" pode representar o seu "porto seguro" e a base que te fará dormir cada vez melhor, sabendo que se algo não sair como o planejado, você estará protegido.

Embora haja inúmeras páginas hoje no vasto mundo da internet sobre a reserva, acredito que o sentido geral que você deve absorver é:

◆ ◆ ◆

"A 'Reserva financeira' é o valor que você economizou e poupou e irá colocar em um investimento com 'liquidez diária', ou seja, que você pode acessar e sacar a qualquer momento, caso haja uma real necessidade."

◆ ◆ ◆

Vamos exemplificar, agora pense comigo, quem nunca passou por uma obra em casa não é mesmo? Ou até mesmo sentou-se com um conhecido e o ouviu dizer como estava empolgado com a construção que estava fazendo, pode ser algo simples como a reforma de uma parede, passando pela mudança completa de um único cômodo, ou até mesmo a construção de uma casa por completo, podem mudar as cores, a forma, o orçamento e até o estilo, mas tem algo que nunca muda: O tempo e o valor investido nunca parecem suficientes.

Mesmo grandes construtoras que desenvolvem empreendimentos extraordinários, costumam separar antes do inicio das obras um "valor" de reserva afim de que caso algo não de certo ou fuja do prazo não faltem recursos para a conclusão, afinal, quantos imprevistos podem acontecer em uma obra?

Pense que a "reserva" é algo pra se apoiar, lembre-se que este pode ser sim o seu capitulo 1 na grande mudança de sua vida.

Gosto de pensar que a "reserva" representa ainda um pequeno teste, sim, assim como quase todos os produtos lançados passam por um período de teste, montar a sua reserva, pode representar um teste para que você perceba como você se comporta em relação a guardar um pouco de dinheiro e lembre-se, neste ponto, o valor guardado ficará acessível a você e você poderá utiliza-lo quando bem entender.

❖ ❖ ❖

"A grande questão da "reserva" é que após inicia-la já no próximo mês, você passa a ter algo que infelizmente a grande maioria das pessoas nunca nem mesmo sonhou: Um valor adicional que pode ser usado no futuro"".

❖ ❖ ❖

Agora releia a última frase, sim o sentido aqui é que agora você não vive mais unicamente de uma única fonte de renda, apenas por ter guardado uma fração para o futuro no mês seguinte, você já terá o que ganhou mais esse dinheiro que guardou.

"Algo interessante sobre a "reserva" é que ela pode ser dividida em blocos, "Reserva para emergências", "Reserva para oportunidades" e a que criei chamada de "Reserva para mim mesmo".

❖ ❖ ❖

A "Reserva para emergências", abrange aquilo que não sabemos, e a lista é bem extensa, afinal o que pode acontecer que você não está esperando, não é mesmo? se pensarmos sobre isso, temos que ter em mente que mais coisas que não esperamos acontecem do que as que realmente esperamos e estar preparados para a maioria delas é a grande chave que quero compartilhar, a reserva para emergências deve representar um valor que te apoie em algum "contra tempo" que pode surgir em sua vida.

Mas dizer isso não te dá a direção de quanto você deve guardar para emergências, vou te ajudar com este cálculo, no ultimo capitulo te orientei a pensar sobre os seus débitos e é sobre eles que vamos falar um pouco, pense que caso a sua fonte de renda "seque" as contas não vão parar de chegar, e o primeiro pensamento que te recomendo neste ponto é esse, pense durante quanto tempo hoje você conseguiria pagar suas contas sem ter essa fonte de renda?.

Ao pensar sobre isso e depois de ter passado e refletido sobre o ultimo capitulo revendo inclusive alguns gastos, você perceberá qual realmente é o valor essencial para fazer com que sua vida permaneça correndo na direção correta enquanto você se prepara para novas oportunidades profissionais ou até mesmo pessoais.

Embora se recomende de 6 a 12 meses guardado com a soma dessas despesas, acredito que cada um sabe de suas próprias expectativas e necessidades. Reservar o valor referente a um ano de gastos pode parecer desafiador, mas pense se neste momento você já os tivesse guardado, como se sentiria? o que você faria hoje em sua vida se já tivesse um ano inteiro de contas pagas? Parece até propaganda de algum sorteio de supermercado, não é? "TENHA UM ANO DE CONTAS PAGAS", e o melhor é que neste sentido, você não precisa participar do sorteio, por que você é quem vai prover, concorrer e ganhar o prêmio.

Agora que já falamos sobre construir a "reserva para emergências", vamos falar um pouco sobre a segunda reserva a "Reserva para oportunidades".

Quantas vezes vemos aquela promoção imperdível daquele item especial pelo qual já estamos de olho há muito tempo e não temos como adquiri-lo naquele momento? É triste, não é mesmo? Mas pode deixar de ser

Gosto de pensar que para o mundo dos investimentos a reserva para oportunidades é para o momento em que o investimento que combina perfeitamente com o seu perfil aparece e, em um momento que não é habitual, ou que você não estava esperando, realmente uma "oportunidade" e que você não irá perder pois já se programou, para este tipo de reserva acredito que avaliar um valor especifico pode ser uma tarefa simples, pois se você já avaliou a qual perfil pertence e já fez o exercício de acessar a aba de investimentos já está familiarizado com os valores que geralmente os produtos ofertados tem.

Para a maioria dos investidores há uma constância, diria até melhor, uma recorrência no tipo e valor investido, mesmo para aqueles que recebem comissão ou até mesmo não possuem renda fixa há um "esforço" para que todo mês um aporte de mesmo valor seja investido, ter pelo menos um valor destes para que havendo uma grande oportunidade você não a perca, já te coloca em uma posição estratégica fantástica no mundo dos investimentos.

Chegou a hora de falamos sobe a "Reserva para mim mesmo" acredite, um sorriso me vem ao rosto quando falo sobre isso, e é esse mesmo sorriso que quero que lhe venha.

◆ ◆ ◆

"A reserva "para mim mesmo" é exatamente o que a própria frase diz, é um valor simbólico, que você deve reservar todo mês para você e somente para você, caso você esteja em um relacionamento ou possua uma família bem grande, cada um deve ter a sua".

◆ ◆ ◆

Este valor é seu e unicamente para seu uso, para gastar, é uma reserva que você terá para se recompensar por cada minuto no trabalho, cada momento sacrificado e cada valor poupado e investido, esse valor não deve representar a compra de um móvel caro ou de um novo telefone, mas sim um sorvete no shopping em seu horário de almoço, uma ida a um restaurante com um prato bem especial que você gosta.

Reserve um momento apenas para você se permitir ter o reconhecimento por tudo de certo que tem feito, pode ser, por exemplo, fazer as unhas, comprar aquela miniatura de carro que já esta de olho há algum tempo, algo simples e que se repita todo mês separe um dia, aquele dia do mês será o dia da sua recompensa, pense em algo que gosta de fazer e custa pouco, algo ente 25 e uns 100,00 reais e o melhor é que a cada mês pode ser uma experiencia diferente.

Esta reserva tem por objetivo ser gasta, ou seja, se você definir 50 reais ele deve ser gastado integralmente, faça com que esse dia que você reservou seja logo após o seu recebimento, tudo bem se quiser dividi-lo em dois momentos dentro de um mês o mais importante é, faça-o.

Ao longo da vida acabamos por ter contas em diversos bancos ou até mesmo uma conta para receber o salário, uma conta digital e uma conta em um banco que acabamos por não ir até a agencia para encerrar, recomendo que, caso não tenha custos que você não possa arcar, use cada uma delas para um objetivo distinto, mas também não se apegue a isso, com apenas a sua conta corrente, geralmente você já tem acesso a uma conta poupança e que pode ser usada para a sua reserva "para mim mesmo", que será gasta logo depois de recebe-la.

"Sobre as "Reservas", há dois tipos de estratégias pessoais, que eu vou diferenciar os chamando de "os metódicos" e "os ousados"".

Enquanto os "metódicos" vão construir ambas as reservas antes de colocar dinheiro em qualquer investimento sem liquidez diária, os "ousados" vão construir suas reservas ao mesmo tempo em que já iniciam os seus investimentos, vou dar um exemplo:

Caso após reavaliar suas finanças pessoais você observe que já pode começar a investir 300 reais por mês, enquanto os "metódicos" vão colocar 60% em uma conta para reserva de emergência, cerca de 30% para a reserva de oportunidade e 10% para a reserva para mim mesmo e só quando tiverem o suficiente que definiram vão parar com a reserva e vão começar a investir, os "arrojados" vão investir logo no primeiro mês entre 50% a 60% em investimentos ligados ao seu perfil, e os outros 40 ou 50% alocaram a sua reserva a construindo junto com seus investimento de médio e longo prazo, infelizmente muitos acabam optando por não faze-la.

Pense sempre que se prevenir, apesar de ser um jargão antigo, ainda é a melhor pratica que você pode ter.

Fazer as suas reservas vai te ajudar a ter mais "coragem" de investir com a certeza de que todas as fichas não foram colocadas na mesma aposta.

Pense um pouco em corridas de cavalos, após escolher o que julga o melhor e mais bem preparado, você grita para que ele corra o mais rápido possível e supere os demais.

Neste exemplo você pode ter duas interpretações, com as "reservas" tudo bem se o "cavalo" não ganhar, afinal, todo o seu dinheiro não terá sido gasto nisso, ou uma segunda visão fora do convencional:

◆ ◆ ◆

"Quem disse que você deve apostar em um único cavalo, se todos estão disponíveis para serem escolhidos?".

◆ ◆ ◆

E ainda sempre haverá outra corrida, outro mês e outro valor a ser investido.

Pode parecer simples, mas pensar fora do que a convenção manda pode trazer resultados que outras pessoas não enxergaram ainda.

A seguir chegou o grande momento, sim, a hora de colocarmos os dois pés no mundo dos investimentos e entender um pouco mais sobre os produtos e suas particularidades, vamos lá!

8
Invista

Os investimentos, como soa bem ouvir esta palavra no plural, investir pode transformar tudo em sua realidade, só de pensar em investir você já se coloca a frente de grande parte da população mundial que infelizmente hoje acaba não só gastar o que ganha, mas gasta muito além do que recebe.

"Investir envolve escolhas, e afim de lhe demonstrar de forma clara e prática, vou lhe fornecer os conceitos e sua aplicação, nada aqui representa um indicação, pois acredito que minha missão seja lhe mostrar como você pode ser o próprio dono de suas escolhas e, para isso você precisa estar ciente de quais escolhas você possui".

Se você fizer uma busca rápida pela internet, vai identificar uma divisão clara entre investimentos de "renda fixa" e investimentos de "renda variável" e tudo bem até aí, afinal o que quero demonstrar aqui é "por onde começar", vejamos:

O primeiro passo é escolher por onde você irá começar a

investir, se você hoje já está com algum dinheirinho na poupança, tudo bem!, foi por onde você se sentiu seguro para começar, vou falar um pouco sobre os investimentos e os "produtos" que mencionarei serão encontrados geralmente em bancos ou corretoras, abrir uma conta em um banco pode exigir algumas documentações, abrir a conta em uma corretora também pode não representar grandes dificuldades, e você pode fazer uma pesquisa sobre cada uma delas.

A dica que dou agora é que sempre avalie as taxas que cada uma oferece, faça uma busca após aprender os tipos de investimentos abaixo e após definir os que mais estão de acordo com o seu perfil, veja em qual corretoras os melhores e mais rentáveis estão disponíveis.

Uma dica bônus é que, embora neste primeiro momento de investimento eu prefira que você tenha apenas uma conta para que consiga acompanhar mais facilmente e se familiarize com a forma que esta corretora trabalha, você pode abrir conta em mais que uma e comparar sempre que possível qual está lhe ofertando uma melhor possibilidade de ganhos, pense nisso, até você transferir qualquer centavo é só uma experiencia e mesmo que envolva algum custo talvez esse custo inicial pode evitar muitos outros custos no futuro ou até mesmo perda de oportunidades.

Antes de ir ao ponto, quero falar sobre algo que me ajudou muito como introdução aos produtos financeiros e que me fez perder um pouco do receio que tinha em abrir um conta em uma corretora, as assim chamadas "carteiras e contas digitais".

Sim, querendo ou não achando bom ou ruim, vivemos em um mundo digital e globalizado, e as contas e carteiras digitais vem se mostrando algo viável e até mesmo atrativo com rendimentos cada vez melhores, destinar um pouco de dinheiro e ver que seu dinheiro rende de uma forma diferente do que rende na poupança já te traz a oportunidade de entender que investir pode ser simples e trazer mais dinheiro, um dinheiro com rendimentos diários, e que você consegue enxergar todos os dias dependendo de qual conta ou carteira escolher, da mesma forma que vou recomendar a seguir, pesquise bem antes de escolher para qual carteira ou conta vai transferir dinheiro, há várias possibilidades, pergunte, converse com a alguém que já possui conta em alguma das que você pesquisou e lhe parecerem corretas para o que busca, verifique o rendimento e o que cada uma oferece de benefício e de negativo em relação a outra.

Vamos lá! Iniciaremos pela chamada "Renda Fixa", vejamos:

◆ ◆ ◆

Renda fixa:

Apesar da própria nomenclatura nos oferecer um significado satisfatório, cabe ser esclarecido que, os investimentos ligados a este grupo, representam algo que tende a ser fixado por um indexador, uma taxa por assim dizer, ou seja, rende fixamente o contratado, apesar de existirem muitos outros produtos nesta "categoria", quero falar com você sobre os que você terá acesso na maioria das corretoras ou bancos:

Tesouro Direto: Já imaginou emprestar dinheiro para o governo? Neste momento não pense em política ou "falcatruas" ou partidos que você não gosta, este tipo de investimento é considerado o mais seguro do país, por que afinal, quem mais tem uma "maquina que pode imprimir dinheiro"?, e mais, tem tipos de tesouros para todos os gostos e perfis, vale a pena dar um pulo no site oficial do tesouro e ler cada um, há inclusive simuladores onde você pode simular seus objetivos e qual irá se adequar aquilo que você quer e deseja alcançar.

Certificados de Depósito Bancário (CDBs), Nos Certificados de depósito bancários, você empresta para os bancos, sim, isso é algo formidável, me lembro quando eu mesmo realizei um investimento em um banco de um famoso apresentador de tv que hoje não é mais dele, fiquei tão feliz de ter "emprestado" um dinheirinho, mesmo que indiretamente, para alguém que admirava e já era tão rico, assim como os títulos do "tesouro" os "CDBs" podem apresentar variações muito interessantes de prazos, rentabilidades e tipos, caso você opte por esse investimento tente identificar um banco que já confia e veja os tipos que ele disponibiliza, em uma corretora por exemplo são ofertados na maioria das vezes inúmeros bancos ao mesmo tempo. Algo relevante de se saber é:

"Existe um Fundo garantidor que te restitui até 250 Mil reais caso o banco "quebre" e não consigo honrar os seus compromissos". Geralmente esta informação ficará visível na hora da escolha.

Letras de Crédito Imobiliário (LCI): são títulos que estão classificados como renda fixa que buscam recursos com o objetivo de investimentos ligados ao desenvolvimento do setor imobiliário.

Letras de Crédito do Agronegócio (LCA): Assim como a "LCI" as "LCAs" são títulos que estão classificados como renda fixa que buscam recursos com o objetivo de investimentos, só que como a própria descrição diz, estão ligados ao desenvolvimento do Agronegócio.

"Em relação a renda fixa, embora claramente ela possa parecer mais ligada a perfis mais conservadores, vale reforçar

que ela também apresenta oportunidades ligas a taxas de inflação por exemplo, é importante ficar atento na hora de escolher em que e onde vai investir para ter certeza que aquele titulo escolhido é realmente o que você quer".

◆ ◆ ◆

Pessoas com o perfil mais conservador vão certamente tender a escolher produtos com rendimentos pré-fixados e não optaram em nenhum momento por qualquer variação que possa impactar em seus rendimentos, pense sobre isso e avalie agora que você leu um pouco sobre o tema se a renda fixa é realmente para você.

Renda variável:

Vamos agora ver um pouco sobre produtos que representam opões que poderão ofertar rentabilidades maiores ou até mesmo negativas dependo do tipo de produto, bem como, da forma como se comportam ao longo do tempo, vejamos:

Ações: Pense agora em uma empresa, pode ser qualquer uma que você considera uma ótima empresa, seja ela nacional ou internacional, há uma grande chance de ao buscar em um site ou aplicativo de corretora, que um código ligado a ela apareça como uma opção de compra, e é isso mesmo, você pode começar a participar dos lucros desta companhia como "acionista", aqui há várias formas para lucrar, até mesmo comprar com o preço baixinho e vender depois que se valorizarem, ou simplesmente aguardar a distribuição de lucros, há empresas e até mesmo bancos que remuneram os seus acionistas, ou seja, aqueles que detém ações de suas empresas, de forma trimestral, bimestral ou até mesmo mensalmente, contudo não se engane, é aqui que moram as "flutuações" um dia você compra uma ação por digamos, cinquenta reais em poucos segundos os seus cinquenta reais não passam de meros centavos, por isso, avalie com cautela seja qual for "a" ou "as" empresas escolhidas.

Fundos imobiliários ("FII's"): Os famosos "alugueis", quem não conhece algum parente ou conhecido que tem uma renda extra ou talvez até se aposentou por que comprou uma casinha a mais do que a que vive e passou a receber o aluguel de seu inquilino? E muitas vezes esse pode ser o problema, lidar com outro ser humano em uma propriedade que você lutou para construir ou adquirir nem sempre é uma alternativa que as pessoas gostem de ter, bom, pra quem gosta e já se adaptou, tudo bem!, esse é o tipo de investimento que traz lucros consideráveis, contudo, se você não possui este perfil, a boa noticia é que nas corretoras hoje já é possível encontrar inúmeros "títulos" para investir, acredito que este modelo, receber alugueis sem necessariamente ter que lidar com inquilinos, pode ser algo fascinante, você pode comprar uma "cota" e todos os meses assim como um dos proprietários, receber sua parte no aluguel, se você pesquisar bem, pode achar alternativas disponível de fundos imobiliários de grandes empresas ou até mesmo shoppings que você costuma frequentar e se perceber que é um local com bom movimento, por exemplo, pode indicar boas oportunidades de ganhos, mas fique atento, há fundos imobiliários que podem não pagar todos os meses e por isso fica a dica: "Avalie bem antes de comprar uma única cota".

Fundos de investimentos: Geralmente utilizado por quem não quer escolher uma ação de uma empresa ou de outra, ou até mesmo prefere não se dar ao trabalho, os "fundos" podem representar até um boa opção pois contam geralmente com um gestor bem munido de informações e que se dedica a fazer com que aquele fundo "x" ou "y", tenha ganhos cada vez maiores, mas assim como ninguém sabe o que acontece no dia seguinte quando se deita, os fundos podem sofrer baixas e geralmente a "variação" é para quem está preparado, sim, mas também, grandes ganhos podem ocorrer, assim como nas ações, por que por si só, já lhe oportuniza experimentar um pouco de adrenalina, a regra não muda, pense sobre o quanto de risco quer correr veja o histórico daquele fundo e o que o compõe.

Moedas digitais: Embora você já possa ter se deparado com inúmeras representações, as moedas digitais, não possuem existência física, e tem uma variação que podem te fazer multimilionário com apenas alguns reais, gosto de pensar nas moedas digitais como algo novo, algo que poucas pessoas dominam ou até mesmo entendem, mas que nos últimos tempos tem sido mais ofertado e tem ficado ao alcance da população em geral, investir em moedas digitais representa pra mim, algo que demanda um certo nível de atenção e até mesmo "apetite" ao risco, pois sim, você pode perder somas consideráveis de dinheiro, esperar a valorização pode ser um desafio, por isso, pesquise bem sobre a moeda digital caso opte por esse "investimento" e sempre procure entender o que de bom mas também o que de ruim isso pode te trazer e isso é uma recomendação universal.

"Não preciso dizer que a renda variável tem inúmeros outros produtos e insisto em chamar de "produtos" para que esta ideia fique gravada em sua mente, sugiro aqui que não pensem em comprar algo no mundo dos investimentos sem pensar se aquilo "lhe cabe" ou se fica "bem em você" e em seu estilo pessoal ou perfil, esta é uma ótima forma de lidar com isso".

Com as explicações do que cada uma representa é hora de chegarmos ao "pulo do gato" e para isso montei um quadro de fácil visualização que te dará a oportunidade de avaliar como seu dinheiro pode ser investido, gosto de pensar que o mundo dos investimentos é customizável.

O que quero dizer, é que a partir do momento que você entende as opções disponíveis no mercado de forma mais clara, bem como o seu perfil, você tende a tomar melhores decisões e ainda que não as tome de imediato no futuro você passa a ter uma "base" infinitamente melhor para lidar com eventuais perdas que venham a ocorrer a partir de quais produtos você optar.

Vejamos agora o quadro que mencionei anteriormente, lembrando que ele indica apenas uma visão do que _comumente_ é utilizado:

investimento	Conservador	Moderado	Arrojado
CDB	Sim	Sim	Não
LCI	Sim	Sim	Não
LCA	Sim	Sim	Não
Tesouro direto	Sim	Sim	Não
Ações	Não	Sim	Sim
Fundos imobi.	Não	Sim	Sim
Fundos de invest.	Não	Depende	Sim
Moedas digitais	Não	Não	Sim

A grande chave que quero que você se atente é que ao acessar um banco ou corretora, você não irá se deparar com este quadro, nem mesmo com terminologias tão simples, vejamos o caso dos "CDBs" por exemplo, geralmente são ofertados, CDBs de rentabilidade fixa, ou fixados na "CDI" ou até mesmo no "IPCA".

Acredito que a regra seja: **Na dúvida não siga!** Ou seja, se seu perfil é Conservador e você não quer depender de nenhuma flutuação opte por investimentos cuja a oferta já lhe mostre o percentual real de quanto você vai efetivamente receber, há momentos em nossa economia que você encontrará "CDBs" pré-fixados com o rendimento de 1% ao mês ou seja a cada R$ 100,00 reais que você investir R$ 1,00 novo real será acrescentado a cada mês mas há momentos que este percentual não será facilmente encontrado.

Desta forma quero lhes chamar atenção para mais uma vez alinhar o seu olhar com algo que dificilmente você já terá ouvido, tenha em mente que os investimentos são vendidos como produtos, ou seja, quando analisamos um CDB pré fixado assim como em campanhas de marketing o percentual que irá aparecer e ficar em destaque, geralmente será o de rendimento "Bruto", e não o "liquido", isso significa que a este percentual ainda serão descontados os impostos relativos ao produto escolhido, é importante para quem deseja iniciar-se no mundo dos investimentos treinar o olhar para identificar sempre o rendimento "líquido" por que no final das contas essa informação é que deverá orientar a sua decisão.

"Tanto na renda fixa quanto na renda variável haverá uma gama de produtos, por isso verificar todos os detalhes não só ajuda a decidir, mas pode trazer paz para a decisão que você tomou".

Não posso deixar de incluir um direcionamento extremamente importante que talvez tenha ouvido pouco, talvez esse não seja o seu perfil, mas sendo ou não preciso que você se inicie no mundo do investimento não caindo em uma armadilha que comumente acontecer infelizmente, a "Ganância".

Parece algo que vilões de histórias cinematográficas costumam ter em seus perfis, mas acredite, esse monstro de olhos sedutores estará mais perto de você a cada novo investimento.

Sempre haverá aquele investimento que promete remunerar duas ou até dez vezes mais que outro, ou aquela oportunidade vantajosa de mais que nem parece verdade, acredite, geralmente não é!

Seja fiel ao que você traçou, seja comprometido com você mesmo e, avalie quantas vezes forem necessárias antes de investir, conhecimento e cautela devem andar de "mãos dadas" toda vez que for investir.

Invetir pode transformar-se em algo simples e, a cada mês de aporte um novo apresendizado pode surgir, cada informação, seja na renda variavel ou fixa, cada vez que atualizar o seu pefil, cada passo que der em relação a um futuro melhor, fará com que cada vez mais você se torne um investidor mais qualificado e mais competente.

Não desista até que seus objetivos estejam concluidos, acredito que essa é a única e mais pratica forma de vencer!

9
Não desista, Vença!

Inicio este capitulo final, pedindo que você avalie novamente cada capitulo e verifique se cada proposta contida nele foi cumprida, reflita rapidamente sobre como você pensava e como passou a pensar após esta leitura.

Talvez, este seja o seu primeiro contato com o mundo dos investimentos, mas pode também, ser simplesmente, o primeiro ato em sua jornada em um caminho que você decidiu percorrer.

Aceitar que a iniciativa de mudar a forma como você vê seus créditos e débitos mensais é a oportunidade que estou apresentando, reavaliar e repensar cada decisão, entender o seu "porquê", "pensar da forma certa", escolher e traçar o seu "caminho do investimento", definindo uma "rota" clara com "objetivos definidos", pensar em "economizar antes de investir" e finalmente "investir" com consciência e sabedoria, pode representar os marcos significativos de uma história que você, a partir de hoje, resolveu viver.

Persista, e não se deixe desanimar se algo não sair como o planejado, lembre-se, que para cada nova manhã há uma nova oportunidade de aprender com o que aconteceu no dia anterior e repensar se há algo diferente que pode ser feito é sempre uma alternativa, só de chegar ao último capítulo deste livro acredite, você já conquistou uma vantagem competitiva inimaginável, você não é mais a mesma pessoa que começou a ler e talvez nunca mais tenha o mesmo olhar, pensar sobre isso fará você entender o quanto pode evoluir se daqui pra frente se dispuser a buscar conhecimento e persistir em seus objetivos.

Tudo que você aprendeu, refletiu, se questionou e leu nas paginas que antecedem a este capitulo, podem te ajudar a iniciar-se no mundo dos investimentos.

Quero propor agora que reflita sobre a jornada que quer começar a percorrer e o futuro que quer viver, pense que estes próximos 12 meses, podem ser diferentes de tudo o que você já viveu até agora em sua vida.

Tenha em mente que todas as grandes fortunas começaram quando alguém decidiu que seus próprios destinos iriam depender única e exclusivamente de suas próprias decisões e esforços.

Não pare! se por um mês a sua meta deixou de ser alcançada compense-a no mês seguinte, e faça disso a sua paixão.

Lembre-se por que a iniciou, e o futuro maravilhoso que pode construir a partir de você mesmo.

Deixei ainda, destacado, algumas informações relevantes, embora cada palavra tenha sido escolhido com um propósito, fiz questão de deixar alguns pontos destacados para que você os encontre e os releia sempre que possível, eles representam em sua maioria ideias, pensamentos ou até mesmo "chaves" que te ajudaram em sua jornada.

Por fim, deixo aqui um pensamento para que você o leia toda vez que tiver dúvidas quanto a dedicar-se a investir:

"A riqueza é apenas algo possível que pessoas antes de você conquistaram quando você ainda não sabia que também podia. Agora, você já sabe que pode e por onde começar!".

www.ingramcontent.com/pod-product-compliance
Lightning Source LLC
Chambersburg PA
CBHW070420230526
45471CB00006B/2905